はじめてはいたくつした

高橋亜美　編著
（アフターケア相談所「ゆずりは」）

すーべにあ文庫

表紙画　重野克明
装丁・本文イラスト　宮崎麻代

この本の収益は「あおいとり基金」に寄付されます。

「あおいとり基金」は、施設等を巣立った子どもたちの高卒認定等の資格取得や、進学費用の支援に活用されます。

わたしは
お父さんとお兄ちゃんの
三人暮らしだった

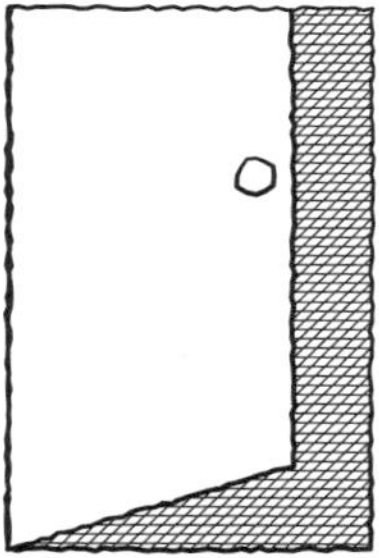

お父さんは
トンネルやダムの
工事をする仕事
仕事が入ると一か月
家に帰ってこない日もあった

お父さんがいないとき
家のことやわたしの世話をするのは
お兄ちゃん

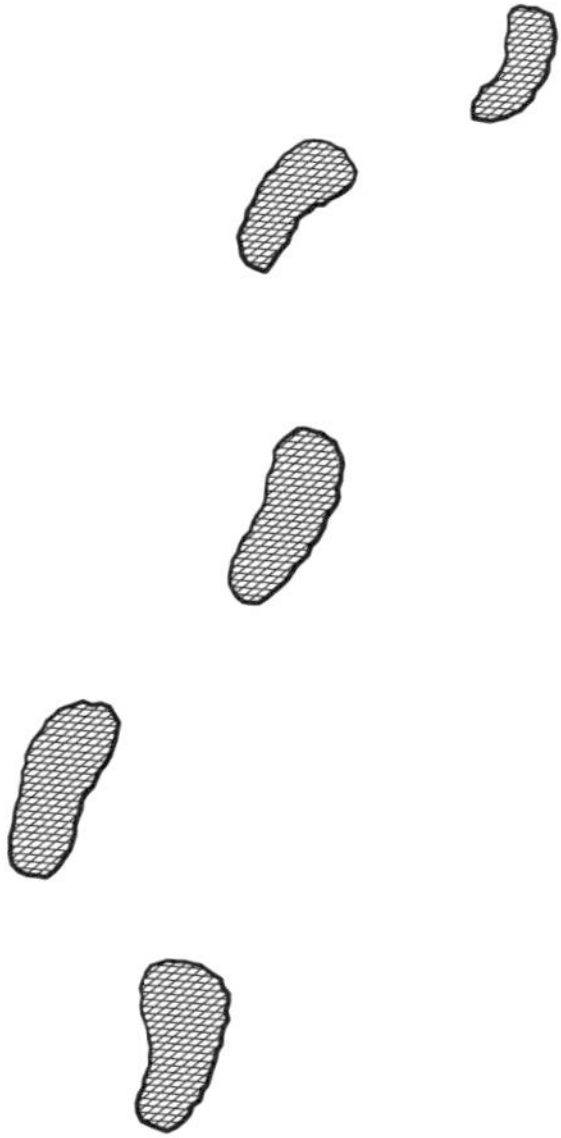

小学校には行ったよ

だって給食が食べられるから
お父さんが仕事でいないと
家でごはんは食べられないから

小学校のときの友だちには
会いたくないな
だってわたし汚くて臭かったから

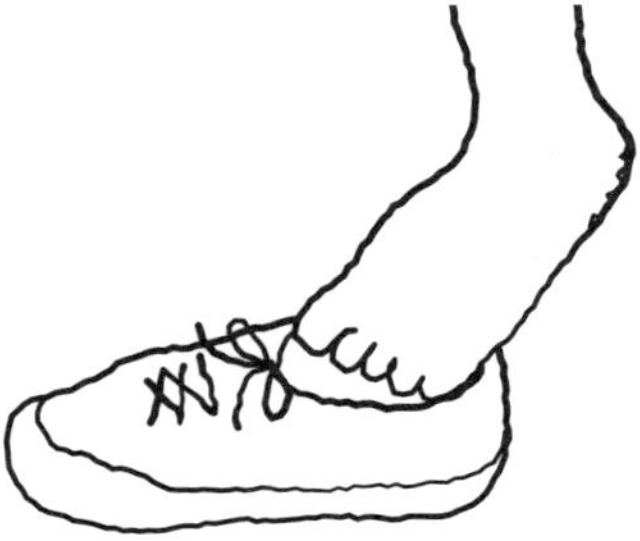

毎日
同じ体操服を着て
裸足で靴をはいていた
自分では
自分が臭いってわからなかった

私はずっとお兄ちゃんの言いなりだった

お兄ちゃんの命令は絶対だった
命令をきかないと
お兄ちゃんは私を叩いた

中学生になったお兄ちゃんは
いつも
私を叩くようになった

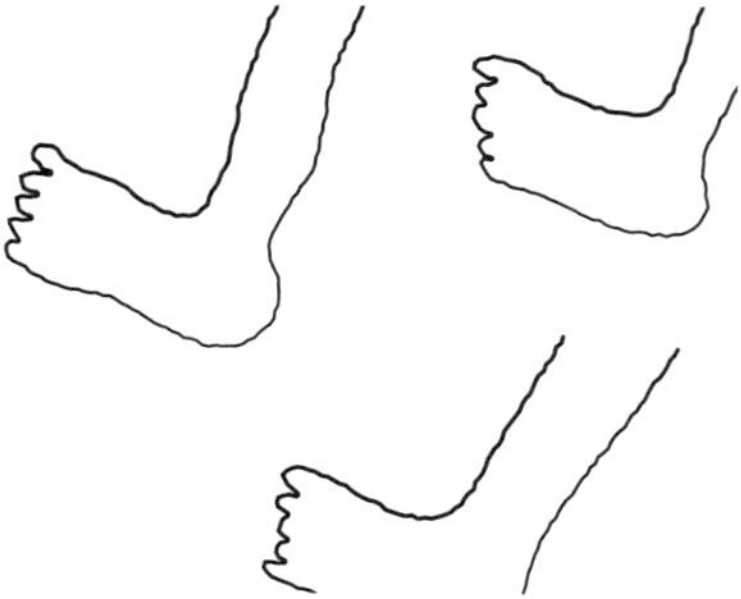

お兄ちゃんの
友だちもいっしょに
叩いたり蹴ったりして

わたしが
鼻血を出したり
立てなくなったりすると
ほんとうにおかしそうに
大声で笑っていた

ある日　家におとながたくさんやって来た

「これからは安全な場所で生活するよ。
お兄ちゃんとは少し離れて生活するよ」

突然　施設で暮らすようになった

はじめて施設に行った日

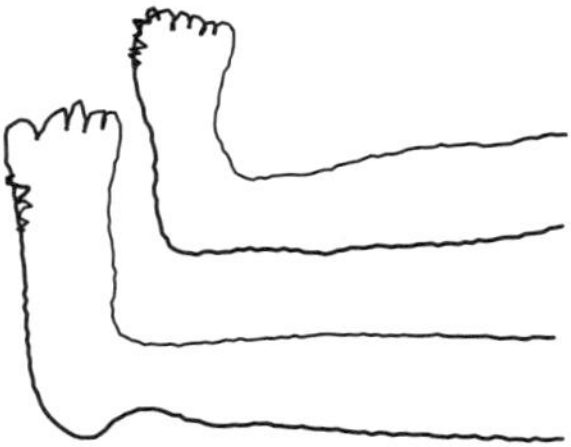

施設の人が私の足の裏を見て
「カサカサだね。痛かったでしょう」
って言いながら

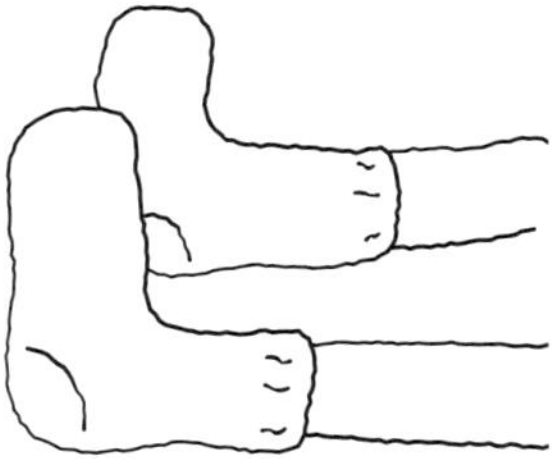

クリームを塗って
くつしたを
そっとはかせてくれた

生まれてはじめてはいたくつした
うれしくて
胸がドキドキした

お兄ちゃんは別の施設に行った
と聞いたけど
お兄ちゃんもくつした
はかせてもらっていますか？
って聞きたくて　でも　聞けなかった

お兄ちゃんも
くつした
はかせてもらっていますように

「はじめてはいたくつした」は当時15歳の女の子が語った言葉をもとに、本人の了解を得、再構成したものです。

沈黙の瞳

今から数年前のことである。

私が1歳になる娘を保育園に迎えに行った帰りに、バス停でバスを待っていると「ばかやろー」「何とか言えー」という怒声が遠くから聞こえてきた。

ハッとして声のする方を見ると、女性が怒鳴りちらしながら自転車をこいでいた。自転車の前にはベビーシートがついていて、そこに私の娘と変わらないくらいの年齢の子どもが座っていた。母親と思われるその女性はところどころで自転車を止めては、その子どもを平手で横なぐりしていた。子どもは今にもシートから落っこちてしまいそうな勢いで殴りつけられていた。

なんとかしなくてはと思った。

私は児童福祉の仕事をしているのだから、目の前で今まさに小さな子どもが殴られているのだからと。

赤信号で自転車を止めると母親は罵声を浴びせながら更に執拗に子どもを叩いた。信号で立ち止まっている人たちは皆見て見ぬふりをしていた。

私は母親に近づき、「お母さん大丈夫ですか」と声をかけた。発する自分の声が震えていた。

「何だてめぇ」と開口一番で怒鳴りつけられた。

母親の頬はやせこけていて、年齢はまだ若そうなのに、髪には白髪が目立っていた。

「お母さん、大丈夫ですか？　落ち着いてください」私が言うと「こいつがにらんでくるんだよ」「にらんでくんじゃねーよ」母親は叫び、更に子どもに手を振り上げた。

私は咄嗟に子どもの頭を手で覆った。

母親は「邪魔するなっ、こいつの目をみてみろ」と私に怒鳴った。その小さな子どもはじっと母を見ていた。手に持ったビニールに入ったパンをにぎりしめながら母をじっと見つめている。でもその目は母が言うような睨んでいる目には見えなかった。

何かを懇願するような、じっと耐えているような沈黙の瞳だった。

「お母さんのこと睨んでいないよ」伝えると、

「てめぇはだれなんだ、関係ないだろ、邪魔するな」とすごい形相で私を睨んだ。

気づくと雨が降ってきていて、私の娘が泣き始めていた。

「人の子どもに口出しする前に、てめぇの子どもどうにかしろ」と吐き捨てるように言い、信号が青になり自転車で走り去った。

それは数分の出来事だった。

私はやみくもに声をかけ、何の解決にも導けず、更に母親を激昂させただけだった。

声をかけてしまったことで、母は恥をかかされたと、家に帰って子どもに更に暴力をふるうのではないかと、深く悔やんだ。

虐待を受けた子どもたちの支援を仕事としているが、子どもが暴力にさらされている現場に居合わせたのは後にも先にもまだ一度きりである。


私たちの国では、少子化が社会問題となっている一方で、虐待件数は右肩上がりで上昇し、近年の虐待件数は10万件にも及んでいる（2015年度厚生労働省）。虐待を受けたり、不適切な養育環境で生きなければならない子どもたちの早期発見と保護、被害を受けた心と体のケア、子どもの安心安全を守るための取り組みは積極的に為されている一方で、親への支援、養護施設等を退所した後の子どもへの支援は未だ十分とは言えない。

児童虐待の軽減のためには、「負の連鎖」を断ち切ることこそ必要だと、虐待を受けてきた子どもたちとの出会いのなかで痛感している。

あのときの子どもの瞳が忘れられない。それと同時に怒りと苦しみに満ちた母親の瞳も忘れられない。

児童養護施設等退所者のアフターケア相談所「ゆずりは」について

虐待や経済的な理由で児童養護施設や里親家庭などに入所した子どもたちの多くは、高校卒業を機に、施設を退所しなければなりません。虐待を受けたトラウマによる精神疾患を抱えていたり、退所しても引き続き親や家族を頼れない故、失敗することも立ち止まることもできません。自らで働き続けなければ、たちまち生活が破綻してしまう緊張状態のなか、生きていくことを余儀なくされています。

「ゆずりは」は、施設等を巣立った子どもたちが、困難な状況に陥ったとき、安心して、一刻もはやく、「助けて」の声があげられるよう、立ち上げた相談所です。

問題解決のための生活相談を基軸にしながら、高卒認定資格取得のための無料学習会の開催、一般就労が難しい方への就労支援として「ゆずりは工房」の運営、退所者の人が気軽に集えるサロンの実施、虐待をしてしまっている母親へのプログラム「MY TREEペアレンツ・プログラム」の実施等々、さまざまな支援事業を行っています。

困難な状況にある子どもたちが、家庭には恵まれてなかったとしても「この社会に生まれ、生きられてよかった」と思える社会を私たちはつくっていきたいと思います。

運営主体者	社会福祉法人「子供の家」理事長　加藤望
所在地	東京都国分寺市本多一－一三－一三
責任者	高橋亜美
職員	スタッフ五名
根拠法令等	児童福祉法第四十一条
開設年月日	二〇一一年四月一日
事業内容	東京都地域生活支援事業「ふらっとホーム」を委託（二〇一三年四月一日より）
TEL／FAX	〇四二－三一五－六七三八 E-mail…acyuzuriha@gmail.com　HP…acyuzuriha.com

◎JR中央本線、西武国分寺線、多摩湖線「国分寺駅」下車。北口より徒歩約十分。

すーべにあ文庫について

情報が氾濫する時代、「大切なことは、きっと紙に書いてある」をスローガンにすーべにあ文庫（souvenir＝贈り物、の意）は創刊されました。文庫の収益は、各テーマに関連する団体・施設に寄付されます。大切なことが、大切にしたい誰かに伝わりますように。あなたの読む、知る、考えるが社会貢献につながります。

すーべにあ文庫01

はじめてはいたくつした

2017年7月　初版発行

2019年1月　2刷

編著　高橋亜美

（児童養護施設等退所者のアフターケア相談所「ゆずりは」）

発行　株式会社百年書房

〒130-0021 東京都墨田区緑1-13-2 山﨑ビル201

TEL:03-6666-9594　　HP:100shobo.com

ISBN978-4-907081-34-8